TOUT ADOS

Fêtes et Mardi gras

Avec la participation de

Nicole Gendreau

Renée Guay

Sandra Loberto

Kathy Rose

Françoise Roy

gagelearning

Leçon 1

En route !

- Quelles fêtes ont lieu dans ta région ?
- Connais-tu d'autres célébrations ?
- Qu'est-ce qui se passe pendant ces fêtes ?
- Qu'est-ce que le Mardi gras ?

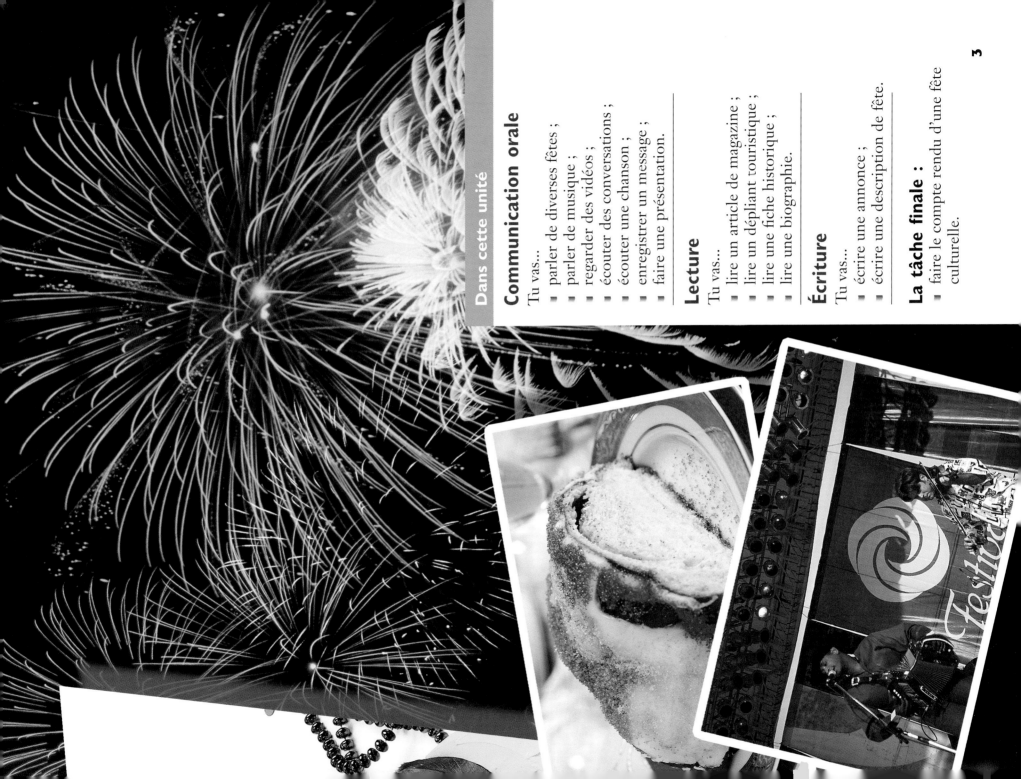

Dans cette unité

Communication orale

Tu vas…

- parler de diverses fêtes ;
- parler de musique ;
- regarder des vidéos ;
- écouter des conversations ;
- écouter une chanson ;
- enregistrer un message ;
- faire une présentation.

Lecture

Tu vas…

- lire un article de magazine ;
- lire un dépliant touristique ;
- lire une fiche historique ;
- lire une biographie.

Écriture

Tu vas…

- écrire une annonce ;
- écrire une description de fête.

La tâche finale :

- faire le compte rendu d'une fête culturelle.

En route !

- As-tu déjà participé à une fête culturelle ? Laquelle ?
- Tu as fait des voyages ? Des petits, des grands ? Où ?
- Quels souvenirs as-tu rapportés des fêtes ou des voyages ?

Leçons 2 et 3

Une idée

géniale !

Mais qu'est-ce que ça veut dire : Laissez le bon temps rouler ?

Laissez le bon temps rouler!

Nous pouvons nous amuser nous aussi. Catherine, tu m'as donné une idée...

C'est une idée intéressante.

M. Rémy, que pensez-vous de notre idée ?

- De quoi va-t-on parler dans la vidéo ?
- Qui sont les personnages ?
- Qui est le personnage principal ?
- Quels indices te renseignent ?

Continue l'activité dans ton Cahier à la page 3.

Étude de la langue

Leçon 4

A Le futur proche

- Le futur *proche* indique qu'une action **va** **bientôt** arriver.
- Formation du futur proche :

  verbe **aller** + verbe à l'**infinitif**

		▶		▶	
Je	**vais**		**montrer**		mes souvenirs de voyage.
Tu	**vas**		**parler**		de ton projet au professeur.
Elle, Il	**va**		**donner**		des cadeaux à ses amis.
Nous	**allons**		**voir**		le défilé à la télévision.
Vous	**allez**		**lire**		un texte sur la Louisiane.
Elles, Ils	**vont**		**faire**		des masques pour la fête.

- **La forme négative** du futur proche :

Je	ne	vais	pas	acheter de souvenirs.
Il	ne	va	pas	rencontrer les élèves.
Nous	n'	allons	pas	organiser une fête.

B Le passé composé des verbes en -ER

- Le passé composé exprime une action achevée.
- Il est *composé* de deux mots :
  — le verbe **avoir** + un autre verbe ;

		▶		▶	
J'	**ai**		assisté		au défilé du carnaval.
Tu	**as**		acheté		des souvenirs.
Elle, Il	**a**		discuté		de la fête.
Nous	**avons**		parlé		au professeur.
Vous	**avez**		fabriqué		des décorations.
Elles, Ils	**ont**		organisé		une fête.

— le verbe *avoir* s'appelle « auxiliaire » ; la majorité des verbes français forment le passé composé avec l'auxiliaire *avoir* ;

— le deuxième verbe s'appelle « participe passé » ;

— les verbes en -er forment le participe passé en -é.

- Le passé composé du verbe *aller* est formé avec l'auxiliaire *être* :

  Catherine **est** allée en Louisiane.

  Rafik **est** allé au cours de français.

- **La forme négative** du passé composé :

Elle	n' a	pas	assisté au grand défilé.
Ils	n' ont	pas	parlé au professeur.
Il	n' est	pas	allé à la Nouvelle-Orléans.

SUGGESTIONS

idées

ressources

activités

Au travail !

Quelle est la tâche finale de ta classe ?

- Pense à ton expérience des fêtes.
- Prépare des suggestions.
- Discute des tâches.
- Note les décisions de la classe.

Un passé français

En route !

- Un peu de Géographie et d'Histoire.
- Les activités du Cahier page 9 vont t'aider à lire le texte.

Quelques faits et dates

- Au 18e siècle, la France occupe la presque totalité du territoire entre les Appalaches et les Rocheuses. Ce territoire s'appelle la Louisiane.
- La Louisiane est nommée en l'honneur du roi de France Louis XIV.
- Fondation de la Nouvelle-Orléans en 1718, par Le Moyne de Bienville. Elle est nommée en l'honneur du duc d'Orléans, frère de Louis XIV.
- En 1755, environ 12 000 Acadiens sont déportés en France, dans les colonies des États-Unis et en Louisiane.
- En 1762, la France cède la rive gauche du Mississippi à l'Espagne, et la rive droite à la Grande-Bretagne en 1763.
- En 1800, la partie espagnole de la Louisiane revient à la France.
- En 1803, le Français Napoléon Bonaparte vend la Louisiane (la rive gauche du Mississippi) aux États-Unis pour la somme de 15 millions de dollars.

La Louisiane en 1803

La Louisiane aujourd'hui

Quelques noms de lieux français en Louisiane

Détails géographiques	Personnages de France	Villes de France
Bâton Rouge	Colbert	Abbeville
Caillou	La Fayette	Charenton
Fausse Rivière	La Salle	Montpel(l)ier
Grand Coteau	Marion	(Nouvelle-)Orléans
Lafourche	Maurepas	
Plaquemines	Napoléon	
Terrebonne	Pontchartrain	
Ville Platte	Richelieu	

En route !

- Tu as encore des questions sur la Louisiane ?

- Que sais-tu au sujet du Mardi gras ?

- Connais-tu les traditions de la Louisiane ?

- Pour t'aider à comprendre le texte, va dans ton Cahier à la page 10.

Vocabulaire utile pour comprendre le texte

bayou : (mot d'origine amérindienne) territoire marécageux, très riche en poissons, crustacés et petit gibier.

Cajun : prononciation approximative de « cadien », abréviation de « acadien » (prononcer *acadjan*).

Créole : habitant de la Louisiane et des Antilles originaire de France.

doublon : (mot d'origine espagnole : doblón, « double ») ancienne monnaie d'or espagnole.

gombo : (mot d'origine africaine) s'appelle aussi okra ; plante dont on mange le fruit comme un légume et qu'on utilise pour épaissir les sauces et les soupes.

jambalaya : (mot d'origine provençale) plat de riz, de tomates, de crevettes et de fines herbes.

zydeco : le mot (qui se dit *zarico* et *zorico*) vient de l'expression « les haricots » ; le zydeco est une forme de musique créole influencée par la musique cajun.

Le goût de l

Le Mardi gras

Le grand défilé du Mardi gras est l'attraction la plus populaire du carnaval de la Nouvelle-Orléans. Les personnages du défilé lancent gentiment aux spectateurs des médailles en aluminium appelées doublons. Beaucoup de gens collectionnent les doublons. On conseille aux touristes de mettre le pied sur un doublon tombé à terre : c'est un souvenir très recherché !

la Louisiane

La cuisine

Quand on visite la Louisiane, il faut absolument goûter à la cuisine créole et cajun. Parmi les mets typiques, il y a la jambalaya et le gombo. La cuisine cajun a ses origines dans les bayous. On y trouve des poissons, des crustacés, et même de l'alligator et de la tortue. Évidemment, il y a aussi les aliments sucrés : beignets, pralines et pouding au pain sont des spécialités régionales très populaires auprès de tous les visiteurs.

La musique

La musique cajun est née en Louisiane. C'est un mélange de plusieurs influences musicales, dont le blues et le country. Les principaux instruments cajuns sont l'accordéon et le violon. Mais on ne peut pas parler de la Louisiane sans mentionner le zydeco. Les musiciens de zydeco jouent de l'accordéon et de la planche à laver (frottoir), qui remplace le violon. C'est un genre musical vraiment unique et maintenant connu dans le monde.

Eraste et Arville Courville

Des mots « voyageurs »

Tous les jours, dans toutes les langues, nous créons des mots :

* des mots nouveaux pour décrire des réalités nouvelles ;
* des mots anciens qui prennent un sens nouveau ;
* des mots souvent empruntés à d'autres langues.

Acadie (La Cadie) : mot micmac qui signifie « lieu fertile ».

Canada : mot huron ou iroquois (kanata) qui signifie « village ».

carnaval : vient de l'italien *carnevale*, altération du latin *carne levare* « ôter la viande » ; le mot italien a donné *carnival* en anglais et *carnaval* en français.

festival : emprunté à l'anglais par le français, formé sur le latin *festivus* « amusant ».

Québec : mot algonquin qui signifie « l'endroit où le fleuve se rétrécit ».

Combien de mots soulignés dans le texte *Le goût de la Louisiane* sont empruntés à d'autres langues ?

Leçon 6

On s'organise !

- Quel type de fête vas-tu organiser ?
- Quelle fête as-tu déjà organisée ?
- Quelles sont tes idées pour la fête ?
- Qu'est-ce que tu dois prévoir pour la fête ?

Lis les quatre notes pour t'aider à comprendre la conversation.
N'oublie pas de consulter le Lexique à la fin de ton Livre.

1. Les colliers de perles

Les colliers sont fabriqués en plusieurs matériaux, couleurs et formes.

A Bon, on a un rendez-vous dans deux jours avec M. Rémy. Faisons un remue-méninges et je vais prendre des notes.

B Dans deux jours ! Ça ne laisse pas beaucoup de temps pour s'organiser.

C Ne t'inquiète pas ! J'ai beaucoup d'idées. Mais d'abord vous devez tous goûter à ce gâteau...

2. Les babioles

Pendant les défilés du Mardi gras, des personnages masqués lancent dans la foule de petits objets, appelés « babioles » : des doublons, des bonbons, des colliers, des fleurs, des balles, des sifflets, des verres de plastique, etc.

3. Le *king cake*

Au Moyen-âge, en France, on mange le « gâteau des Rois » le 6 janvier, en l'honneur des Rois mages venus adorer l'Enfant Jésus.

On cache une fève dans le gâteau et on coupe une partie pour chaque invité. La personne qui trouve la fève est couronnée « roi » ou « reine » de la fête.

4. Les couleurs du Mardi gras

Le violet pour la justice, le vert pour la foi et l'or pour le pouvoir.

« Le gâteau des Rois »
Une recette simple

Ingrédients

– 1 boîte de pâte à la cannelle, avec glaçage
– ¾ de tasse de sucre, divisée en 3 portions
– colorant alimentaire (bleu, rouge, vert, jaune)

Préparation

– rouler la pâte et la tordre
– former un ovale, insérer une fève ou un pois dans la pâte
– faire cuire selon les indications
– pendant la cuisson, colorer le sucre : une portion en violet (bleu et rouge), une portion en vert et une portion en or (jaune)
– après la cuisson, couvrir le dessus du gâteau avec un glaçage blanc
– saupoudrer le sucre sur le gâteau en alternant les couleurs

■ Quels sont les éléments d'une fête ?

■ Comment vas-tu partager les tâches ?

■ Quelle va être ta contribution ?

Prépare-toi à écouter les suggestions des quatre amis.

Va à la page 12 de ton Cahier.

Leçon 7
Les verbes composés

Les verbes composés avec vouloir

- Pour exprimer l'intention.

vouloir + infinitif

Je	**veux**	Nous	**voulons**
Tu	**veux**	Vous	**voulez**
Elle, Il	**veut**	Elles, Ils	**veulent**

Je	**veux**	**manger**	un gâteau.
M. Rémy ne	**veut** pas	**retarder**	le cours.

Les verbes composés avec devoir

- Pour exprimer la nécessité.

devoir + infinitif

Je	**dois**	Nous	**devons**
Tu	**dois**	Vous	**devez**
Elle, Il	**doit**	Elles, Ils	**doivent**

Tu	**dois**	**participer**	à la fête.
Rafik ne	**doit** pas	**donner**	ses masques.

Les verbes composés avec pouvoir

- Pour exprimer la capacité ou la possibilité.

pouvoir + infinitif

Je	**peux**	Nous	**pouvons**
Tu	**peux**	Vous	**pouvez**
Elle, Il	**peut**	Elles, Ils	**peuvent**

Élise	**peut**	**faire**	des affiches.
Les amis ne	**peuvent** pas	**organiser**	un défilé.

Les verbes composés avec il faut

- Pour exprimer la nécessité.

L'expression **il faut** + infinitif

Il	**faut**	**demander**	la permission.
Il ne	**faut** pas	**acheter**	des costumes.

(L'expression « il faut » est utilisée à la 3e personne du singulier seulement.)

Au travail!

Vous avez un projet de fête.
Maintenant, il faut partager le travail.

- Qu'est-ce que vous **voulez** ou **pouvez** faire ?
- Qu'est-ce que vous **devez** faire ?
- Qu'est-ce qu'**il faut** faire ?

Préparez une grille des tâches.
Écrivez le nom des élèves qui participent.

En route !

- Demander des volontaires, est-ce une bonne idée ? Pourquoi ?

- De quoi vont-ils discuter pendant la réunion ?

Un événement inoubliable !

ON DEMANDE des VOLONTAIRES !

Participe à la fête du Mardi gras.

Réunion vendredi à midi
Salle de classe de M. Rémy

Laissez le bon temps rouler !

Au travail !

- Comment va ton projet ?

- As-tu besoin d'aide ?

- Cherches-tu des volontaires ?

- Que penses-tu d'un message ou d'une annonce pour demander de l'aide ?

Va à la page 16 de ton Cahier.

Leçon 9

Zachary Richard

« Je suis Américain comme je suis Acadien. »

Zachary Richard est né en 1950, à Lafayette dans le sud de la Louisiane. Comme la plupart des Louisianais, sa langue de tous les jours est l'anglais. Il a appris le français, sa « langue du dimanche », avec ses grands-parents.

Musicien et chanteur, il a enregistré plus d'une douzaine d'albums. Il a connu plusieurs « disques d'or » et des succès aux États-Unis, au Canada et en Europe. Sa musique combine des influences cajun, zydeco, rock et blues.

Poète et écrivain, il a écrit trois recueils de poésie et il a reçu le Prix Littéraire Champlain. Avec sa fille Sarah, il a publié *Conte cajun*, une histoire pour enfants.

Engagé dans la promotion du français en Louisiane, il a produit un film sur l'histoire des Cadiens.

En route !

- Quels sont tes chanteuses et chanteurs préférés ?
- Quels types de musique connais-tu ?
- Connais-tu un artiste cajun ?
- Sais-tu qui est Zachary Richard ?

- Avant d'écouter sa chanson *Ma Louisianne*, tu vas lire une courte biographie de Zachary Richard.

Pour te préparer, va dans ton Cahier à la page 18.

14

En route !

- Les élèves de M. Rémy sont en train de préparer la fête. Ils ont écrit une chanson, mais elle n'est pas complète.

- Peux-tu la compléter ?

RAP MARDI GRAS

Youpi, youpi, on va fêter !

As-tu préparé _____ ?

As-tu acheté _____ ?

Vous mes amis, mes compagnons,

Avez-vous créé une _____ ?

Avez-vous pensé à laisser le bon temps rouler ?

C'est le temps de laisser le bon temps rouler.

Faut pas oublier _____.

Faut pas oublier _____.

Qui a cuisiné _____ ?

Qui a pensé _____ ?

Venez danser, venez _____, venez fêter.

Venez _____.

Laissez le bon temps rouler !

Au travail !

Une idée pour la fête !

- Peux-tu écrire une chanson ?

- Veux-tu enregistrer ta chanson ?

Prépare-toi dans ton Cahier à la page 19.

Festival acadien

de Caraquet, Nouveau-Brunswick

Le Festival a lieu tous les étés depuis 1964. C'est le plus vieux festival de l'Acadie. Il a pour but de faire la promotion de la culture acadienne. Il dure une dizaine de jours et se termine le jour de la Fête nationale des Acadiens, le 15 août.

C'est un événement touristique très important. C'est la fête acadienne la plus connue en Amérique du Nord. La programmation comprend une centaine d'activités bien organisées.

Les activités

Environ 20 000 Acadiens se retrouvent à Caraquet pour célébrer cette grande fête populaire.

Les festivaliers ont un grand choix d'activités : le théâtre, la musique, la chanson, la danse, le cinéma et les arts visuels.

Parmi les activités traditionnelles, il y a la bénédiction des bateaux. L'événement est chargé de symboles et d'émotions, car un grand nombre d'Acadiens vivent de la pêche.

À l'heure du midi, les familles se retrouvent au Village historique acadien pour un pique-nique très populaire.

La plus grande attraction du Festival demeure le tintamarre. C'est une vieille tradition acadienne qui marque la fin de la fête. À 18 heures, toute la population défile dans la rue. Les adultes portent les plus beaux costumes. Les jeunes ont les maquillages les plus amusants. Le tintamarre est une activité extrêmement bruyante : casseroles, cuillères, sirènes, trompettes, sifflets, klaxons, tout est permis. C'est la façon des Acadiens de crier au monde qu'ils sont bien vivants.

Des fanions tricolores décorent les bateaux.

Tous les bruits sont permis.

En route !

Le Canada est le pays de centaines de festivals.

- Quels festivals, quelles fêtes y a-t-il dans ta région ?

- Trouve Caraquet sur une carte des provinces maritimes.

- Comment s'appellent les francophones de cette région ?

Les festivaliers sont maquillés.

BIENTÔT SUR VOTRE ÉCRAN !

Une vidéo du Festival acadien

La nourriture

Pendant le Festival acadien, on peut goûter à des mets typiques de la cuisine acadienne, une cuisine saine et simple qui utilise des produits de la ferme et de la mer.

Deux exemples sont la poutine râpée (boulette de porc enrobée de pommes de terre) et la tourtière (tarte à la viande).

La musique

Au Festival acadien, l'ambiance musicale est créée par des musiciens de toutes les régions acadiennes. La programmation est assez variée. On présente de la musique populaire, du jazz, du blues et de la musique classique.

Les arts visuels

La riche culture acadienne se manifeste dans tous les domaines. C'est pourquoi le Festival présente des expositions de peinture, de photographie, de sculpture, de céramique et de gravure. Le cinéma a aussi une place importante.

Les décorations

Les bateaux sont décorés de petits fanions tricolores, aux couleurs de la France : bleu, blanc, rouge.

Les festivaliers portent de beaux costumes et ils sont maquillés. Certains agitent le drapeau étoilé.

Les souvenirs

Le drapeau acadien est un souvenir vraiment populaire. On trouve aussi des t-shirts amusants et les objets les plus typiques de la région.

■ Quelles informations trouves-tu dans les photos ?

■ Qu'est-ce que tu vas faire avant de lire le texte ?

Va dans ton Cahier à la page 20.

Étude de la langue

L'adjectif

A Les valeurs de l'adjectif

■ Certains adjectifs indiquent une **qualité** ou une **caractéristique** associée à un nom.

▼

un **grand** défilé   le festival **acadien**
une **belle** fête   la musique **classique**

B La place de l'adjectif

■ Certains adjectifs sont généralement placés **avant** le nom.

▼

un **petit** souvenir
une **mauvaise** surprise
un **beau** costume
une **nouvelle** chanson
une **jeune** femme

■ D'autres adjectifs sont placés **après** le nom.

▼

un drapeau **étoilé**
un fanion **tricolore**
une fête **nationale**
un défilé **bruyant**
un événement **touristique**

C L'accord de l'adjectif

■ Règle générale, le **féminin** est formé en ajoutant un **-e** au masculin.

petit ➡ petite
grand ➡ grande
mauvais ➡ mauvaise
excellent ➡ excellente
varié ➡ variée

■ Quand l'adjectif se termine par **-e**, il n'y a pas de différence entre le masculin et le féminin.

un festival populaire ➡ **une** fête populaire
un texte facile ➡ **une** activité facile

■ Il y a plusieurs autres façons de former le féminin des adjectifs.

acadien ➡ acadienne
vieux ➡ vieille
heureux ➡ heureuse
étranger ➡ étrangère
beau ➡ belle

■ Règle générale, le **pluriel** est formé en ajoutant un **-s** au masculin et au féminin.

grand ➡ grands
varié ➡ variés
bonne ➡ bonnes

■ Il y a plusieurs exceptions à la règle.

beau ➡ beaux
spécial ➡ spéciaux
heureux ➡ heureux

Un conseil : consulte le Lexique ou un dictionnaire pour vérifier l'accord des adjectifs.

D Les variations d'intensité de l'adjectif

■ Pour **ajouter un degré** de qualité, on place un **adverbe** devant l'adjectif.

un événement très **important**
des activités bien **organisées**
une programmation assez **variée**
une fête vraiment **intéressante**

■ Pour exprimer un degré **supérieur** de qualité, on emploie le **superlatif**.

la **plus grande** fête
le **plus vieux** festival
les **plus beaux** costumes

La présentation de Marika

Tu as « participé » au Festival acadien de Caraquet.

- Est-ce que tu peux raconter ton expérience ?

Voici un exemple de présentation. Marika va raconter sa visite.

- Quelles stratégies va-t-elle employer dans sa présentation ?
  – Elle va d'abord se présenter.
  – Elle va présenter son sujet.
  – Elle va décrire les activités du Festival.
  – Elle va donner ses impressions personnelles.
  – Elle va parler clairement.
  – Elle va utiliser des aides visuelles (objets, photos).
  – Elle va utiliser des aides sonores (effets sonores, musique).
- Écoute la présentation de Marika. Vérifie ses stratégies.

Au travail !

C'est à ton tour de raconter ta visite au Festival acadien.

Pour te préparer, va dans ton Cahier à la page 24.

La fête du Mardi gras est terminée.

Un élève a pris des photos pour l'annuaire de l'école.

- Qui a organisé la fête ?
- Qu'est-ce qui est arrivé ?

Choisis une légende pour chaque photo.

A
Antoine a décoré la salle et il a installé les lumières.

B
Élise est une artiste. Elle a dessiné une grande bannière pour annoncer la fête.

C
Tout le monde a mangé des biscuits et des pralines. Monsieur Rémy n'a pas goûté au délicieux gâteau des Rois.

D
Catherine et Rafik ont préparé la nourriture. Ils ont décoré les biscuits aux couleurs du Mardi gras.

E
Nous avons lancé des doublons aux invités. J'ai pris de très belles photos pour l'annuaire de l'école.

F
On a organisé des jeux et des concours. Rafik a fabriqué le plus beau masque.

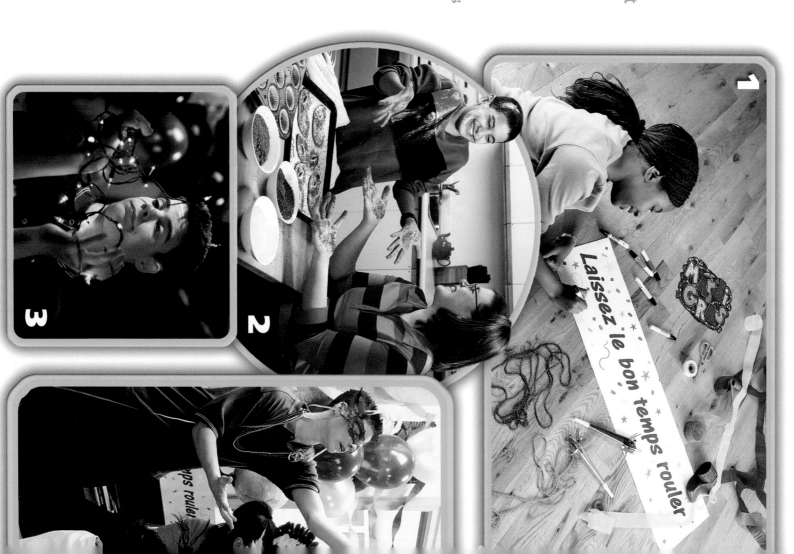

Laissez le bon temps rouler

MARDI GRAS

LE BON TEMPS ROULER !

Une amie de Catherine a assisté à la fête. Écoute ses impressions.

- Pendant que tu écoutes, regarde les photos. Note l'ordre des activités.

- Pense à la tâche finale. Comment vas-tu raconter ton expérience de la fête ?

La tâche finale

Une description de la fête

Prépare deux pages pour l'annuaire de l'école.

■ Fais d'abord un brouillon (consulte l'activité B de la page 24 du Cahier) :
  – fais la liste des activités de la fête ;
  – écris une ou deux phrases pour chaque activité ;
  – parle des tâches de certains élèves ;
  – mentionne un événement amusant ou spécial ;
  – trouve des photos (ou crée des illustrations) pour accompagner ton texte.

■ Corrige ton texte :
  – mets les verbes au passé composé (consulte l'Étude de la langue) ;
  – ajoute des impressions personnelles : emploie des adjectifs et des superlatifs (consulte l'Étude de la langue) ;
  – vérifie l'orthographe de ton texte (consulte le Lexique) ;
  – donne un titre à ton texte ;
  – échange ton texte avec celui d'un ou d'une autre élève ;
  – fais des suggestions à l'autre élève.

■ Prépare la version finale de ta description.

■ Affiche ton travail. Apprécie le travail des autres élèves.

Un compte rendu de la fête

Prépare-toi à faire une présentation orale devant la classe.

■ Adapte la description que tu as faite à la page précédente :
  – ajoute une présentation de toi-même ;
  – présente la fête et le nom de la fête ;
  – pour terminer ta présentation, raconte ce que tu vas faire la
    prochaine fois (consulte l'Étude de la langue) ;

■ Revois les stratégies de Marika à la Leçon 14.

■ N'oublie pas de montrer des objets ou des souvenirs de la fête.

■ Un peu de musique ?

■ Vas-tu interpréter ta chanson rap ?

Étude de la langue

Le futur proche

- Le futur proche indique qu'une action va **bientôt** arriver.
- Formation du futur proche :

  verbe *aller* + verbe à l'infinitif

		▼	▼
Je	**vais**	montrer	mes souvenirs de voyage.
Tu	**vas**	parler	de ton projet au professeur.
Elle, Il	**va**	donner	des cadeaux à ses amis.
Nous	**allons**	voir	le défilé à la télévision.
Vous	**allez**	lire	un texte sur la Louisiane.
Elles, Ils	**vont**	faire	des masques pour la fête.

- La **forme négative** du futur proche :

Je	ne	vais	pas	acheter de souvenirs.
Il	ne	va	pas	rencontrer les élèves.
Nous	n'	allons	pas	organiser une fête.

Le passé composé des verbes en -ER

- Le passé composé exprime une action achevée.
- Il est composé de deux mots :

  – le verbe *avoir* + un autre verbe ;

		▼	▼
J'	**ai**	assisté	au défilé du carnaval.
Tu	**as**	acheté	des souvenirs.
Elle, Il	**a**	discuté	de la fête.
Nous	**avons**	parlé	au professeur.
Vous	**avez**	fabriqué	des décorations.
Elles, Ils	**ont**	organisé	une fête.

- le verbe *avoir* s'appelle « auxiliaire » ; la majorité des verbes français forment le passé composé avec l'auxiliaire *avoir* ;
- le deuxième verbe s'appelle « participe passé » ;
- les verbes en -er forment le participe passé en -é.

- Le passé composé du verbe *aller* est formé avec l'auxiliaire être :

  Catherine **est allée** en Louisiane.

  Rafik **est allé** au cours de français.

- La **forme négative** du passé composé :

Elle	n'	a	pas	assisté au grand défilé.
Ils	n'	ont	pas	parlé au professeur.
Il	n'	est	pas	allé à la Nouvelle-Orléans.

Les verbes composés

Les verbes composés avec pouvoir

- Pour exprimer la capacité ou la possibilité.

  pouvoir + infinitif

		▼	▼
Élise	**peut**	faire	des affiches.
Les amis ne	**peuvent** pas	organiser	un défilé.

Je	**peux**	Nous	**pouvons**
Tu	**peux**	Vous	**pouvez**
Elle, Il	**peut**	Elles, Ils	**peuvent**

Les verbes composés avec vouloir

- Pour exprimer l'intention.

  vouloir + infinitif

		▼	▼
Je	**veux**	manger	un gâteau.
M. Rémy ne	**veut** pas	retarder	le cours.

Je	**veux**	Nous	**voulons**
Tu	**veux**	Vous	**voulez**
Elle, Il	**veut**	Elles, Ils	**veulent**

Les verbes composés avec devoir

- Pour exprimer la nécessité.

  devoir + infinitif

		▼	▼
Tu	**dois**	participer	à la fête.
Rafik ne	**doit** pas	donner	ses masques.

Je	**dois**	Nous	**devons**
Tu	**dois**	Vous	**devez**
Elle, Il	**doit**	Elles, Ils	**doivent**

Les verbes composés avec il faut

- Pour exprimer la nécessité.

  L'expression *il faut* + infinitif

		▼	▼
Il	**faut**	demander	la permission.
Il ne	**faut** pas	acheter	des costumes.

(L'expression « il faut » est utilisée à la 3e personne du singulier seulement.)

L'adjectif

A Les valeurs de l'adjectif

■ Certains adjectifs indiquent une **qualité** ou une **caractéristique** associée à un nom.

▶ un **grand** défilé le festival **acadien**
une **belle** fête la musique **classique**

B La place de l'adjectif

■ Certains adjectifs sont généralement placés **avant** le nom.

▶ un **petit** souvenir
une **mauvaise** surprise
un **beau** costume
une **nouvelle** chanson
une **jeune** femme

■ D'autres adjectifs sont placés **après** le nom.

▶ un drapeau **étoilé**
un fanion **tricolore**
une fête **nationale**
un défilé **bruyant**
un événement **touristique**

C L'accord de l'adjectif

■ Règle générale, le **féminin** est formé en ajoutant un -**e** au masculin.

petit ➡ petite
grand ➡ grande
mauvais ➡ mauvaise
excellent ➡ excellente
varié ➡ variée

■ Quand l'adjectif se termine par -**e**, il n'y a pas de différence entre le masculin et le féminin.

un festival populaire ➡ une fête populaire
un texte facile ➡ une activité facile

■ Règle générale, le **pluriel** est formé en ajoutant un -**s** au masculin et au féminin.

grand ➡ grands
varié ➡ variés
bonne ➡ bonnes

■ Il y a plusieurs autres façons de former le féminin des adjectifs.

acadien ➡ acadienne
vieux ➡ vieille
heureux ➡ heureuse
étranger ➡ étrangère
beau ➡ belle

■ Il y a plusieurs exceptions à la règle.

beau ➡ beaux
spécial ➡ spéciaux
heureux ➡ heureux

Un conseil : consulte le Lexique ou un dictionnaire pour vérifier l'accord des adjectifs.

D Les variations d'intensité de l'adjectif

■ Pour ajouter un degré de qualité, on place un **adverbe** devant l'adjectif.

un événement **très important**
des activités **bien organisées**
une programmation **assez variée**
une fête **vraiment intéressante**

■ Pour exprimer un degré **supérieur** de qualité, on emploie le **superlatif**.

la _plus_ **grande** fête
le _plus_ **vieux** festival
les _plus_ **beaux** costumes

Stratégies

1. Quand tu participes à une activité de groupe

Pendant l'activité

- Écoute les directives de ton professeur.
- Participe activement à l'activité.
- Parle français.
- Parle à voix basse.
- Encourage tes camarades.
- Concentre ton attention sur la tâche.
- Termine ton travail sans retard.

Après l'activité

- Qu'est-ce que tu as fait pour aider ton groupe ?

2. Quand tu écoutes un enregistrement

Avant l'écoute

- Analyse les indices dans ton Livre.
- Pense à tes expériences personnelles sur le sujet.
- Prédis les idées de l'enregistrement.
- Imagine les personnages.

Pendant l'écoute

- Écoute d'abord pour comprendre les idées générales.
- Remarque l'intonation des personnages.
- Essaie de reconnaître les mots connus et les mots amis.
- Concentre ton attention sur tes prédictions.
- Écoute en plusieurs parties pour comprendre les détails.

Après l'écoute

- Quelles stratégies as-tu utilisées pour t'aider à comprendre?
- La prochaine fois, quelles stratégies vas-tu utiliser ?

3. Quand tu regardes une vidéo

Avant de regarder la vidéo

- Analyse les indices dans ton Livre.
- Pense à tes expériences personnelles sur le sujet.
- Prédis les idées de la vidéo.
- Imagine les personnages.

Pendant la vidéo

- Regarde une première fois pour comprendre les idées générales.
- Observe attentivement les décors et les vêtements.
- Remarque l'expression des personnages.
- Essaie de reconnaître les mots connus et les mots amis.
- Concentre ton attention sur tes prédictions.
- Regarde en plusieurs parties pour comprendre les détails.

Après la vidéo

- Quelles stratégies ont été utiles pour comprendre la vidéo ?
- La prochaine fois, qu'est-ce que tu vas faire pour t'aider à comprendre une vidéo ?

4. Quand tu lis un texte

Avant de lire

- Essaie de comprendre le titre et les sous-titres.
- Regarde attentivement les illustrations.
- Concentre ton attention sur tes prédictions.
- Cherche les mots connus et les mots amis.
- Pense à tes expériences personnelles sur le sujet.
- Prédis les idées du texte.

Pendant la lecture

- Lis une première fois pour comprendre les idées générales.

Après la lecture

- Qu'est-ce qui t'as aidé(e) à comprendre le texte ?
- Lis le texte plusieurs fois pour comprendre les détails.
- Utilise le Lexique ou un dictionnaire.
- La prochaine fois, quelles stratégies vas-tu utiliser ?

5. Quand tu écris un texte

Avant d'écrire

- Rassemble tes idées sur le sujet.
- Analyse un modèle.
- Prépare un plan de tes idées.

Pendant que tu écris

- Rédige d'abord un brouillon.
- Fais relire ton texte par un(e) camarade.
- Modifie ton plan, si nécessaire.
- Ajoute de nouvelles idées.
- Prépare la version finale :
  consulte les tableaux de grammaire ;
  vérifie l'orthographe dans le Lexique ou un
  dictionnaire.

Après l'écriture

- Compare ton texte à ceux des autres élèves.
- Qu'est-ce que tu vas faire la prochaine fois ?

6. Quand tu fais une présentation orale

Avant la présentation

- Note tes idées sur le sujet.
- Fais un plan de ta présentation.
- Trouve des aides visuelles et sonores.
- Prépare des cartes aide-mémoire.
- Prépare des graphiques.

Pendant la présentation

- Regarde tous les spectateurs.
- Parle clairement et lentement.
- Mets de l'expression dans ta voix.
- Souris, fais des gestes.
- Utilise des aides visuelles et sonores.

Après la présentation

- Écoute les commentaires de la classe.
- La prochaine fois, qu'est-ce que tu vas changer dans
  ta présentation ?

Lexique

A

à terre *expr.* on the ground
acheter *v.* to buy
achever *v.* to complete
une **affiche** *n.f.* poster
afficher *v.* to post
agiter *v.* to wave
une **aide** *n.f.* help; **avoir besoin d'aide** *expr.* to need help
ajouter *v.* to add
un **aliment** *n.m.* food
aller *v.* to go
une **ambiance** *n.f.* atmosphere
un **ami** *n.m.* friend
une **amie** *n.f.* friend
amusant *adj.* amusing
une **annonce** *n.f.* leaflet
un **annuaire** *n.m.* yearbook
août *n.m.* August
les **Appalaches** *n.f.pl.* Appalachian Mountains
appeler *v.* to call
apprécier *v.* to appreciate
auprès de *adv.* with
aussi *adv.* also

au sujet de *expr.* about
autre *adj.* other

B

une **babiole** *n.f.* trinket
une **balle** *n.f.* ball
une **bannière** *n.f.* banner
un **bateau** *n.m.* boat
beaucoup *adv.* a lot
un **beignet** *n.m.* doughnut
une **bénédiction** *n.f.* blessing
bientôt *adv.* soon
une **boîte** *n.f.* can
bon, bonne *adj.* good
bon ! *interj.* all right!
un **bonbon** *n.m.* candy
une **boulette (de porc)** *n.f.* (pork) meatball
un **brouillon** *n.m.* rough copy
un **bruit** *n.m.* noise
bruyant, bruyante *adj.* noisy
but : avoir pour but *expr.* to aim to

C

cacher *v.* to hide
un, une **camarade de classe** *n.m.f.* classmate
car *conj.* because
une **carte** *n.f.* map
une **casserole** *n.f.* saucepan
céder *v.* to let, to part with
une **centaine** *n.f.* hundred
une **chanson** *n.f.* song
un **chanteur** *n.m.* singer
une **chanteuse** *n.f.* singer
chaque *adj.* each
chargé, chargée de *adj.* full of
clairement *adv.* clearly
collectionner *v.* to collect
un **collier** *n.m.* necklace
un **colorant** *n.m.* colouring
comprendre *v.* to understand; to consist of
un **compte rendu** *n.m.* report
compter *v.* to have
un **concours** *n.m.* competition
connaître *v.* to know
connu, connue *adj.* known
conseiller *v.* to recommend
corriger *v.* to correct

un **couper** *v.* to cut
couronner *v.* to crown
court, courte *adj.* short
couvrir *v.* to cover
créer *v.* to create
une **crevette** *n.f.* shrimp
crier *v.* to shout
une **cuillère** *n.f.* spoon
cuire *v.* to bake
la **cuisine** *n.f.* cooking
cuisiner *v.* to cook
la **cuisson** *n.f.* cooking

D

d'abord *expr.* first
danser *v.* to dance
un **décor** *n.m.* set
décorer *v.* to decorate
décrire *v.* to describe
un **défilé** *n.m.* parade
défiler *v.* to parade
demander *v.* to ask
un **dépliant** *n.m.* leaflet
déporter *v.* to deport
depuis *prép.* since
dessiner *v.* to draw
le **dessus** *n.m.* top
devoir *v.* to have to
dimanche *n.m.* Sunday
discuter *v.* to discuss
un **disque** *n.m.* record
divers, diverse *adj.* various
une **dixaine** *n.f.* (about) ten
donner *v.* to give
une **douzaine** *n.f.* dozen
un **drapeau** *n.m.* flag
durer *v.* to last

E

échanger *v.* to exchange
écrire *v.* to write
un **écrivain** *n.m.* writer
un **effet (sonore)** *n.m.* (sound) effect
employer *v.* to use
emprunté *adj.* borrowed
encercler *v.* to circle
un **endroit** *n.m.* place
un **enfant** *n.m.* child
engagé, engagée *adj.* committed
un **enregistrement** *n.m.* recording
enregistrer *v.* to record
enrobé, enrobée *adj.* wrapped
entre *prép.* between
environ *adv.* about
épaissir *v.* to thicken
une **équipe** *n.f.* team
espagnol, espagnole *adj.* Spanish
un **été** *n.m.* summer
une **étoile** *n.f.* star
un **événement** *n.m.* event
évidemment *adv.* of course
expliquer *v.* to explain
extrêmement *adv.* extremely

F

fabriquer *v.* to make
une **façon** *n.f.* way
faim : avoir faim *expr.* to be hungry
une **famille** *n.f.* family
un **fanion** *n.m.* pennant
faut : il faut *expr.* we have to

une **ferme** *n.f.* farm
un **festivalier** *n.m.* festival-goer
une **fête** *n.f.* celebration, party
fêter *v.* to fete, to celebrate
une **fève** *n.f.* bean
une **fiche** *n.f.* (index) card
une **fille** *n.f.* daughter
une **fin** *n.f.* end
une **fleur** *n.f.* flower
un **fleuve** *n.m.* river
la **foi** *n.f.* faith
une **forme** *n.f.* shape
une **foule** *n.f.* crowd
le **futur proche** *n.m.* immediate future

G

un **gâteau** *n.m.* cake
génial, géniale *adj.* bright
gentiment *adv.* kindly
un **glaçage** *n.m.* icing
le **(petit) gibier** *n.m.* small game
goûter *v.* to taste
grand, grande *adj.* great, large
la **Grande-Bretagne** *n.f.* Great Britain
une **gravure** *n.f.* engraving
une **grille** *n.f.* grid

H - I - J - K

un **haricot** *n.m.* bean
heure : à l'heure du midi *expr.* at noon time
honneur : en l'honneur de *expr.* in honour of
un **indice** *n.m.* sign, clue

indiquer *v.* to indicate

inoubliable *adj.* unforgettable

s' **inquiéter** *v.* to worry; **(ne t') inquiète pas !** don't worry!

insérer *v.* to insert

un, une **invité, invitée** *n.m.f.* guest

un **jeu** *n.m.* game

janvier *n.m.* January

un **jour** *n.m.* day

juste *adj.* correct

un **klaxon** *n.m.* horn

laisser *v.* to leave

laissez le bon temps rouler ! *expr.* let the good times roll!

lancer *v.* to throw

une **langue** *n.f.* tongue; language

laquelle, lequel *pron.* which

un **légume** *n.m.* vegetable

un **lieu, des lieux** *n.m.* place; **avoir lieu** *expr.* to take place

lire *v.* to read

une **lumière** *n.f.* light

un **magasin** *n.m.* store

manger *v.* to eat

se **manifester** *v.* to show itself

un **maquillage** *n.m.* make-up

le **Mardi gras** *n.m.* Shrove Tuesday

marécageux, marécageuse *adj.* marshy

marquer *v.* to mark

---

un **masque** *n.m.* mask

une **médaille** *n.f.* medal, medallion

un **mélange** *n.m.* mixture

une **mer** *n.f.* sea

un **message** *n.m.* announcement

un **mets** *n.m.* dish

mettre le pied sur *expr.* to step on

un **midi** *n.m.* noon

le **monde** *n.m.* world

une **monnaie** *n.f.* coin

montrer *v.* to show

le **Moyen-âge** *n.m.* Middle Ages

né, née *adj.* born

la **nourriture** *n.f.* food

nouveau, nouvelle *adj.* new

l' **or** *n.m.* gold

s' **organiser** *v.* to get organized

organiser *v.* to organize

originaire (de) *adj.* native of

ôter *v.* to remove

oublier *v.* to forget

le **pain** *n.m.* bread

partager *v.* to share

une **partie** *n.f.* part; **faire partie de** *expr.* to be a member of

partir *v.* to leave

le **passé composé** *expr.* past perfect tense

se **passer** *v.* to happen

une **pâte** *n.f.* dough

la **pâte à la cannelle** *n.f.* cinnamon roll

---

un **pays** *n.m.* country

la **pêche** *n.f.* fishing

la **peinture** *n.f.* painting

pendant *prép.* during

penser *v.* to think

une **perle** *n.f.* bead

permis, permise *adj.* allowed

un **personnage** *n.m.* character, figure

une **personne** *n.f.* person

un **pique-nique** *n.m.* picnic

une **planche à laver** *n.f.* washboard

la **plupart** *n.f.* most

plusieurs *adj.* several

un **pois** *n.m.* pea

une **pomme de terre** *n.f.* potato

porter *v.* to wear

poser : se poser des questions *v.* to ask oneself questions

le **pouvoir** *n.m.* power

pouvoir *v.* to be able to; can, may

pourquoi *conj. et adv.* why

prédire *v.* to predict

préféré, préférée *adj.* favorite

prendre des notes *expr.* to take notes

une **préparation** *n.f.* directions (for baking)

presque *adv.* almost

prévoir *v.* to anticipate, to plan

principal, principale *adj.* main

un **prix** *n.m.* price; award

prochain, prochaine *adj.* next; **la prochaine**

fois *expr.* next time

produire *v.* to produce

un **produit (de la ferme)** *n.m.* (farm) produce

publier *v.* to publish

quel, quelle *pron.* what

quelques *adj.* a few

R

raconter *v.* to tell

rapporter *v.* to bring back

une **recette** *n.f.* recipe

recherché *adj.* sought-after

reçu, reçue *adj.* received

un **recueil de poésie** *n.m.* collection of poems

réfléchir *v.* to think

une **reine** *n.f.* queen

relire *v.* to read again

un **remue-méninges** *n.m.* brainstorming; **faisons un remue-méninges :** let's brainstorm

remplacer *v.* to replace

une **rencontre** *n.f.* meeting

rencontrer *v.* to meet

un **rendez-vous** *n.m.* appointment, meeting

renseigner *v.* to inform

résumer *v.* to summarize

retarder *v.* to make late

retour : être de retour *expr.* to be back

rétrécir *v.* to narrow

se **retrouver** *v.* to meet

revenir *v.* to come back

une **rive** *n.f.* bank

le **riz** *n.m.* rice

les **Rocheuses** *n.f.pl.* Rocky Mountains

un **roi** *n.m.* king; **les Rois Mages :** the Three Wise Men

rouler *v.* to roll

une **rue** *n.f.* street

S

un **sac de voyage** *n.m.* travelling bag

sain, saine *adj.* healthy

un **sens** *n.m.* meaning

un **siècle** *n.m.* century

un **sifflet** *n.m.* whistle

signifier *v.* to mean

une **sirène** *n.f.* siren

le **soir** *n.m.* evening

une **somme** *n.f.* sum

souligner *v.* to underline

souriant, souriante *adj.* smiling

souvent *adv.* often

le **sucre** *n.m.* sugar

sucré, sucrée *adj.* sweet

le **sud** *n.m.* south

un **sujet** *n.m.* subject; **au sujet de** *expr.* about

sympa *adj.* nice

T

une **tâche** *n.f.* task

une **tante** *n.f.* aunt

une **tarte à la viande** *n.f.* meat pie

une **tasse** *n.f.* cup

le **temps** *n.m.* time

se **terminer** *v.* to end

terre : à terre *expr.* on the ground

un **tintamarre** *n.m.* hullabaloo

tomber *v.* to fall

tordre *v.* to twist

une **tortue** *n.f.* tortoise

train : être en train de *expr.* to be doing something

une **tourtière** *n.f.* meat pork pie

tout le monde *expr.* everybody

le **travail** *n.m.* work

une **trompette** *n.f.* trumpet

trouver *v.* to find

typique *adj.* typical

U - V

utile *adj.* useful

utiliser *v.* to use

des **vacances** *n.f.* holiday

varié, variée *adj.* varied

vendre *v.* to sell

un **vendredi** *n.m.* Friday

venir de *v.* to come from

un **verbe composé** *n.m.* compound verb

un **verre (de plastique)** *n.m.* (plastic) glass

vert, verte *adj.* green

vieux, vieille *adj.* old

un **violon** *n.m.* violin, fiddle

vivant, vivante *adj.* alive

vivre de *v.* to live on

un, une **volontaire** *n.m..,f.* volunteer

vouloir *v.* to want

un **voyageur** *n.m.*

une **voyageuse** *n.f.* traveller

vraiment *adv.* really

Toute demande de photocopie, d'enregistrement sur bande ou magnétophone ou de mise sur pied d'un système de stockage et d'extraction de l'information concernant cet ouvrage, au complet ou en partie, doit être adressée à la Canadian Copyright Licensing Agency, One Yonge Street, Ste. 1900, Toronto (Ontario) M5E 1E5.

(Tout ados. Niveau 2)
ISBN 0-7715-3827-8

National Library of Canada Cataloguing in Publication Data
Main entry under title:
Fêtes et Mardi gras

1. French language – Textbooks for second language learners – English speakers. I. Series.
PC2129.E5F48 2002   448.2' 421   C2001-0903400-8

L'Éditeur a tenté de retracer les propriétaires des droits de tout le matériel dont il s'est servi. Il acceptera avec plaisir toute information qui lui permettra de corriger les erreurs de références ou d'attribution.

Nous reconnaissons l'aide financière du gouvernement du Canada par l'entremise du Programme d'aide au développement de l'industrie de l'édition pour nos activités d'édition.

ISBN 0-7715-**3827-8**
1 2 3 4 5 MP 06 05 04 03 02
Écrit, imprimé et relié au Canada

Directrice de l'édition : Julie Rutledge
Équipe d'édition: Chris Anderson, Art Coulbeck, Laura Jones, Sandra Manley, Claire Piché, Carolyn Pisani, Jodi Ravn, Marie Turcotte
Révision linguistique : Le Graphe
Production : Bev Crann, Loretta Mah

Remerciements

Jayne Evans
Sara Garnick
Anne Grant
Joanne Guindon
Elizabeth Kagazchi
Florence La Mantia Hardy
Natalie Mance
Carmen D. McLean
Sylvie Morel-Foster
Stephan Pelland
Filomena Rinaldi
Elizabeth Smith

Direction artistique, conception graphique :
Pronk&Associates
Couverture : Ray Boudreau
Illustrations : Stephan Harris
Photographies : p. 2 (haut) © Owen Franken/CORBIS/MAGMA ; p.2 (centre) Ray Boudreau ; p. 3 (haut) © SuperStock ; p. 3 (centre) © Sara Essex ; p. 3 (bas) © Stuart Wasserman, photographe ; pp. 4-6 Ray Boudreau ; p. 8 (haut) Ray Boudreau ; p. 8 (bas) © Philip Gould/CORBIS /MAGMA ; p. 9 (haut à droite) : © Sara Essex, PhotoDisc/Cole Group/Getty Images, © Owen Franken/CORBIS/MAGMA, © Sara Essex ; p. 9 (bas à gauche) avec la permission de Bluebird Press ; pp. 10-12 Ray Boudreau ; p. 14 © Kent Hurslar ; p. 15 Ray Boudreau ; p. 16 avec la permission du Festival acadien de Caraquet ; p. 17 (haut à gauche) avec la permission du Festival acadien de Caraquet ; p. 17 (haut à droite) ©Yvon Cormier/ Festival acadien de Caraquet ; pp. 19-23 Ray Boudreau

Production sonore : Hara Productions
Production vidéo : The Pinnacle Group